BEI GRIN MACHT SICH IHR
WISSEN BEZAHLT

- Wir veröffentlichen Ihre Hausarbeit,
  Bachelor- und Masterarbeit

- Ihr eigenes eBook und Buch -
  weltweit in allen wichtigen Shops

- Verdienen Sie an jedem Verkauf

Jetzt bei www.GRIN.com hochladen
und kostenlos publizieren

Die Darstellung sexueller Gewalt in den Zeitschriften "Emma" und "Courage" während der neuen Frauenbewegung der 1970er Jahre. Ein Vergleich feministischer Perspektiven und Strategien

Bibliografische Information der Deutschen Nationalbibliothek:

Die Deutsche Nationalbibliothek verzeichnet diese Publikation in der Deutschen Nationalbibliografie; detaillierte bibliografische Daten sind im Internet über http://dnb.d-nb.de abrufbar.

ISBN: 9783389088357
Dieses Buch ist auch als E-Book erhältlich.

Druck und Bindung: Books on Demand GmbH, Norderstedt Germany
Gedruckt auf säurefreiem Papier aus verantwortungsvollen Quellen

Das vorliegende Werk wurde sorgfältig erarbeitet. Dennoch übernehmen Autoren und Verlag für die Richtigkeit von Angaben, Hinweisen, Links und Ratschlägen sowie eventuelle Druckfehler keine Haftung.

Das Buch bei GRIN: https://www.grin.com/document/1517626

Freie Universität Berlin

Friedrich-Meinecke-Institut

Hausarbeit

Die Darstellung sexueller Gewalt in den Zeitschriften *Emma* und *Courage* während der neuen Frauenbewegung der 1970er Jahre: Ein Vergleich feministischer Perspektiven und Strategien.

Inhaltsverzeichnis

1. Einleitung

Am 13. September 1968 traf eine Tomate den Vorsitzenden eines Podiums beim Delegiertenkongress des sozialistischen Deutschen Studentenbundes (SDS). Dies löste weit mehr als nur Empörung aus. Der Tomatenwurf, welcher durch die Aktivistin Sigrid Rüger verursacht wurde, markierte den symbolischen Startschuss für die neue Frauenbewegung in Deutschland.[1] Die Aktion stand stellvertretend für den Verdruss, der sich bei vielen Frauen breit machte.

Die daraus wachsende Frauenbewegung war geprägt von einem zunehmenden Nachdruck gegen patriarchale Strukturen. Zentral war dabei der öffentliche Diskurs über sexuelle Gewalt, ein Thema, das lange hinter verschlossenen Türen blieb und erst durch feministische Zeitschriften wie *Emma* und *Courage* die notwendige Aufmerksamkeit erhielt.

Diese Hausarbeit widmet sich der Frage, wie sexuelle Gewalt in diesen Publikationen, während der 1970er Jahre dargestellt wurde und untersucht, inwiefern ihre unterschiedlichen Perspektiven und Strategien zur Sensibilisierung der Öffentlichkeit beitrugen.

Dies wird anhand eines Vergleiches der *Emma* Kampagne „PorNO" gegen die Pornografisierung der Gesellschaft" und dem Artikel „jede fünfte Vergewaltigung ist gratis" aus der Zeitschrift *Courage* untersucht. Beide Artikel thematisieren sexuelle Gewalt auf zwei verschiedenen Dimensionen und bieten somit einen fundierten Einblick in die unterschiedliche Herangehensweise bei der Thematisierung von sexueller Gewalt.

Im Zuge dieser Arbeit wird der Begriff „sexuelle Gewalt" im Diskurs der Geschlechterverhältnisse betrachtet. Dies tat auch erstmals intensiv die Frauenbewegung der 70er Jahre. Der Begriff „Gewalt" ist vielschichtig und wird in verschiedenen Disziplinen unterschiedlich definiert. Nach dem Handbuch von Gudehus, wird Gewalt als ein Verhalten beschrieben, das darauf abzielt, einer anderen Person körperlichen oder psychischen Schaden zuzufügen.[2] Sexuelle Gewalt stellt eine spezifische Form der Gewalt dar, die sich auf sexuelle Handlungen bezieht, die gegen den Willen einer Person durchgeführt werden. Dies betrifft nicht nur körperliche Übergriffe wie Vergewaltigung, sondern auch andere Formen des sexuellen Missbrauchs und der sexuellen Belästigung.[3]

Im abschließenden Teil werden die Ergebnisse zusammengefasst und ein Bezug zum aktuellen Diskurs gezogen.

---

[1] Notz, Gisela. Warum flog die Tomate? : die autonomen Frauenbewegungen der Siebzigerjahre: Entstehungsgeschichte, Organisationsformen, politische Konzepte, wie geht es weiter? Aktualisierte und erweiterte Neu-Auflage. Neu-Ulm, 2018. S. 19.
[2] Gudehus, Christian, und Michaela Christ. Gewalt: Ein interdisziplinäres Handbuch. 1. Aufl., Stuttgart: Metzler, 2013. S.12.
[3] Ebd. S. 45.

2. Die neue Frauenbewegung der 1970er Jahre in Deutschland

Die 1970er Jahre markierten einen entscheidenden Wendepunkt in der Geschichte des Feminismus in Deutschland. Der Begriff „Frauenbewegung" beschreibt soziale Bewegungen, bei denen einzelne Individuen und Organisationen durch stetige Mobilisierung miteinander vernetzt bleiben.[4] Mit der neuen Frauenbewegung entwickelte sich eine Strömung, die durch das wachsende Bewusstsein für die strukturellen Ungleichheiten gekennzeichnet war.[5] Diese wuchs aus den immer widersprüchlicher werdenden Verfassungen, in Bezug auf Frauen und der Wirklichkeit, in der sie sich befanden.[6] Aber auch durch die vielen ungehörten Stimmen der Frauen gerade im Bereich der Politik, kam Unmut auf. Nach Herrad Schenk solle die neue Frauenbewegung in drei Phasen aufgeteilt gewesen sein. Die Entstehungsphase in der vor allem der Abtreibungsdiskurs und der Paragraf §218 zentral waren. In der zweiten Phase waren gerade die Selbsterfahrungsgruppen von Bedeutung und es kamen viele neue Mitglieder. Die dritte Phase ist ähnlich der zweiten und zeichnet sich durch ihre Frauenprojekte aus.[7]

Bis es zu dem bereits erwähnten Tomatenwurf kam. Dies kann man als Startschuss für die Mobilisierung der neuen Frauenbewegung betrachten. Es entwickelten sich die sogenannten Weiberräte und die ersten Frauengruppen wie „Aktion 218".[8]

Besonders in der westdeutschen Frauenbewegung galten die bereits in den USA bestehenden Protestbewegungen als Vorbilder. Die unter anderem mit der sogenannte „Women's Lib" Bewegung 1968 auch die Frauen in Deutschland ermutigten.[9] Dank der ständigen Korrespondenz mit den amerikanischen Bürgerrechtsbewegungen durch die Medien, konnten sich beide Länder im feministischen Kampf unterstützen.[10]

Die Aktivistinnen der neuen Frauenbewegung in Deutschland forderten eine grundlegende Veränderung der Geschlechterverhältnisse. Doch ging es ihnen nicht mehr nur um die formale Gleichstellung vor dem Gesetz, sondern um tiefgreifende gesellschaftliche Veränderungen die das soziale, kulturelle und psychologische umfassten.[11]

---

[4] Schulz, K., „Frauenbewegungen im deutschsprachigen Raum: Geschlecht und soziale Bewegung". Handbuch Interdisziplinäre Geschlechterforschung. Wiesbaden: Springer Fachmedien Wiesbaden, 2019. S. 911–920.
[5] Holland-Cunz, Barbara. Die alte neue Frauenfrage. Originalausgabe, Frankfurt am Main: Suhrkamp, 2003, S. 139-141.
[6] Gerhard, Ute. Frauenbewegung und Feminismus: Eine Geschichte seit 1789. 3. Aufl., München: C.H. Beck, 2018, S. 108-109.
[7] Schenk, Herrad. Die feministische Herausforderung: 150 Jahre Frauenbewegung in Deutschland. 2. Aufl., München: Beck, 1981. S. 38f.
[8] Vgl: Gerhard, Ute. Frauenbewegung und Feminismus, S. 111. Aktion 218 Kampagne gegen das Abtreibungsgesetz.
[9] Gerhard, Ute. Frauenbewegung und Feminismus, S. 113.
[10] Ebd. S. 114.
[11] Lenz, Ilse. Die neue Frauenbewegung in Deutschland: Abschied vom kleinen Unterschied. Wiesbaden: VS Verlag für Sozialwissenschaften, 2009, S. 209-211.

Ein zentraler Aspekt der neuen Frauenbewegung war die komplexe Auseinandersetzung mit der Gewaltthematik. Diese beinhaltet sowohl die häusliche Gewalt als auch sexuelle Gewalt.[12] Mit der Kampagne „Das Private ist politisch" wollte die neue Frauenbewegung das bisher hinter verschlossener Tür gebliebenen Tabuthema Gewalt gegen Frauen öffentlich machen.[13]

Bis dato wurde gerade das Thema sexuelle Gewalt nicht nach außen getragen, da nach der „patriarchalen Doppelmoral" eine Frau, die so etwas erfahren musste, ihre Keuschheit und somit ihren Anstand in der Gesellschaft verloren hatte.[14]

Beispielsweise Vergewaltigungen in der Ehe galten rechtlich nicht als Straftat, denn die sexuelle Selbstbestimmt der Ehefrau war kein Rechtsgut. Diese gesellschaftlichen Strukturen, welche durch die Machtverhältnisse zwischen Mann und Frau gestützt wurden, legitimierte die Gewalt an Frauen.[15]

Frauenhäuser und mehrere Frauengruppen gingen aus der Bewegung hervor und boten einen öffentlichen und sichtbaren Schutz für weibliche Opfer von Gewalt.[16]

Die neue Frauenbewegung setzte sich kritisch mit den traditionellen Geschlechterrollen und der Ehe auseinander. Durch die Kampagne „Das Private ist politisch" fühlten sich viele Frauen angesprochen und begannen ihre persönlichen Erfahrungen zu teilen und Netzwerke zu bilde. Diese kollektiven Erfahrungen trugen zur Entwicklung eines neuen feministischen Bewusstseins bei.[17]

Mit dem öffentlichen Thematisieren und der Sichtbarmachung, brachen sie die Mauer des Schweigens und distanzierten sich von den Geschlechterverhältnissen.[18]

Die Aktivistinnen setzten sich intensiv für das Recht auf Selbstbestimmung über den eigenen Körper ein, was insbesondere im Kontext der Debatten um Abtreibung und sexuelle Gewalt von großer Relevanz war. Denn die männliche Gewalt gegen Frauen wurde im neuen feministischen Diskurs als gesamte Bandbreite der Benachteiligung und Unterdrückung von Frauen in einer patriarchalischen Gesellschaft gesehen.[19] Gerade sexuelle Gewalt trägt zur Aufrechterhaltung der männlichen Dominanz bei und ist ein strukturelles Merkmal der Geschlechterverhältnisse.[20]

---

[12] Hagemann-White, Carol. „Die feministische Gewaltdiskussion: Besonderung und Integrationsaussichten." In: Handbuch Frauen- und Geschlechterforschung, VS Verlag für Sozialwissenschaften, 1997, S. 501–505.
[13] Lenz, Ilse. Die neue Frauenbewegung in Deutschland. S. 209
[14] Ebd. S. 209.
[15] Lenz, Ilse. Die neue Frauenbewegung in Deutschland. S. 209f.
[16] Ebd. S. 209f.
[17] Ebd. S.209f.
[18] Hagemann-White, Carol. „Die feministische Gewaltdiskussion. S 501-505.
[19] Ebd. S. 501-505.
[20] Ebd. S. 501-505.

Auch die gewaltvolle Darstellung und das sexualisierte, unterwürfige Frauenbild in der Pornografie war ein neuer Zweig, der sich aus dem Gewaltdiskurs ergab.[21]

Mitte der 70er Jahre stieg das Angebot und die Nachfrage an der sogenannte „harten Pornografie". Dies nicht trotz der expandieren feministischen Frauenbewegung, sondern gerade deshalb. Auch die Liberalisierung des deutschen Sexualstrafrechts, welche den Import und die Produktion dieser Pornografie förderte, sorgte für ein häufigeres Aufkommen.[22]

Als Gegenreaktion und Provokation kamen immer mehr gewaltsame Darstellungen im Zusammenhang mit Pornografie.[23] Frauen wie Alice Schwarzer sahen das als Anstoß etwas zu unternehmen und ihre öffentliche Stimme lauter werden zu lassen.

---

[21] Ebd. S. 501-505.
[22] Schwarzer, Alice. PorNO: Opfer & Täter; Gegenwehr & Backlash; Verantwortung & Gesetz. Hrsg. und mit einem Vorwort versehen von Alice Schwarzer, Köln: Kiepenheuer & Witsch, 1994. S.203.
[23] Schwarzer, Alice. PorNO: Opfer & Täter; Gegenwehr & Backlash. S. 205.

3. Feministische Zeitschriften: *Emma* und *Courage*

Zeitschriften wie *Emma* und *Courage* spielten eine wichtige Rolle, indem sie als Plattformen dienten, um feministische Anliegen zu thematisieren und eine breitere Öffentlichkeit zu erreichen und zu mobilisieren.[24]

Im Zuge der neuen Frauenbewegung der 1970er Jahre entstanden die feministischen und autonome Zeitschriften *Emma* welche auch heute noch existiert. Die erste Auflage mit dem Untertitel „Zeitschrift für Frauen von Frauen" erschien im Eigenverlag von der Gründerin und auch heute noch Chefredakteurin Alice Schwarzer.[25] *Emma* entstand aus dem Bedürfnis heraus, eine Plattform für feministische Themen zu schaffen, die in den etablierten Medien oft vernachlässigt wurden. Alice Schwarzer wollte eine Alternativpresse zu bereits bestehenden Zeitschriften etablieren, die von Frauen für Frauen geschrieben wurde.

Vorrangig befasst sich *Emma* mit Themen wie Frauen in der Politik aber auch viele gesellschaftliche Themen wie Arbeit und Alltag aber auch kulturelle Aspekte werden thematisiert.[26]

Im Gegensatz zur Zeitschrift *Emma* wurde die Zeitschrift *Courage* 1980 von einer Gruppe von Feministinnen gegründet, die sich aus verschiedenen politischen Strömungen zusammensetzten. Die *Courage* war ein, im Kollektiv hergestelltes Produkt, dessen Autorinnen vorwiegend aus dem studentischen, akademischen und linksorientierten Bereich stammten.[27]

Die Zeitschrift *Courage* sollte ein Forum für unterschiedliche feministische Perspektiven bieten die mehr den Fokus auf gesellschaftliche Themen legte und war stark von der Idee geprägt, dass Feminismus pluralistisch sein sollte.[28]

Die Zeitschrift *Emma* stoß anfänglich auf heftigen Gegenwind, da mit ihr die Vermarktung der Frauenbewegung befürchtet wurde.[29] Auch mit dem provozierenden und kontroversen Stil von Alice Schwarze geriet die Zeitschrift oft in Kritik.[30] Damit wollte sie jedoch eine Stimme für Frauen bieten, die nichts verschönt oder kleinredet um gesellschaftliche Missstände anzuprangern.

---

[24] Roth, Roland, und Dieter Rucht. Die Sozialen Bewegungen in Deutschland seit 1945: Ein Handbuch. Campus Verlag, 2008. S. 123.
[25] Kühte, Alexandra. Das Frauenbild der feministischen Zeitschrift *EMMA*: Eine Untersuchung über die Darstellung von Frauen und die Behandlung frauenspezifischer Themen. Wissenschaftlicher Verlag Berlin, 2005. S 119.
[26] Kühte, Alexandra. Das Frauenbild der feministischen Zeitschrift EMMA. S. 123.
[27] Gerhard, Ute. Frauenbewegung und Feminismus, S 114.
[28] Ebd. S 114.
[29] Kühte, Alexandra. Das Frauenbild der feministischen Zeitschrift EMMA. S. 120.
[30] Gerhard, Ute. Frauenbewegung und Feminismus, S 114.

Courage verstand sich als eine Art Gegenpol zu *Emma*, da sie nicht nur auf die Probleme von Frauen aufmerksam machte, sondern auch aktiv Lösungen und Alternativen diskutierte.[31] Auch strebte die *Courage* kollektive Ansätze an und wollte mit mehr Vielfalt an Themen ein breitgefächertes Publikum ansprechen.[32]

4. Darstellung sexueller Gewalt, Analyse spezifischer Artikel

4.1 *Emma* „PorNO"

Die von Alice Schwarzer initiierte Kampagne „PorNO, gegen die Pornografisierung der Gesellschaft" aus dem Jahr 1978-1979 wurde in Kooperation mit ihrer Zeitschrift *Emma* durchgeführt.[33] Die Kampagne stellte die damals noch wenig beachtete Verbindung zwischen Pornografie und sexueller Gewalt gegen Frauen in den Fokus.[34] Auch wurden mehrere Artikel veröffentlicht und Interviews mit Frauen geführt um auf die Missstände der Geschlechterverhältnisse in der Pornografie aufmerksam gemacht werden.

Mit den Worten „Wir klagen an!" startete *Emma* eine Klage gegen die Zeitschrift *Stern* da diese mehrfach anzügliche und entblößte Bilder von Frauen auf der Titelseite zeigte.[35] Jedoch mit dem Bild einer dunkelhäutigen, nackten und gefesselten Frau war dies nicht nur sexistisch, sondern auch rassistisch und verharmloste die gewaltvolle Darstellung von Frauen.

Schwarzer und die Redaktion argumentierten, dass Pornografie Frauen systematisch als Objekte männlicher Lust darstelle und die Grenzen zwischen Sexualität und Gewalt verwische.[36] Alice Schwarzer betont, dass wenn auch manche Frauen keine direkte Verbindung zu der gewaltvollen sexualisierten Darstellung von Frauen haben oder sich eben distanzieren wollen, dann sei dies auch Teil des Problems. Denn gerade diese Passivität und Unterwürfigkeit fördere die patriarchalen Machtstrukturen und sei ein Instrument der Unterdrückung von Frauen[37] Die Schreibweise der Artikel sind gewollt konfrontativ und setzten stark auf plakative Mittel, um den Effekt von Pornografie auf die Gesellschaft zu verurteilen.

---

[31] Gerhard, Ute. Frauenbewegung und Feminismus, S 114.
[32] Ebd. S. 114f.
[33] Schwarzer, Alice. PorNO: Opfer & Täter; Gegenwehr & Backlash. S. 204f.
[34] Ebd. S. 204f.
[35] Ebd. S. 204f.
[36] Ebd. S. 204f.
[37] Ebd. S. 36- 39.

Am Anfang haben sie uns „nur" ausgezogen; dann haben sie uns „nur" vergewaltigt; dann haben sie uns „nur" gefoltert; jetzt zerstückeln sie uns."[38] Es sei selbstverständlich und allgegenwärtig wie sexuelle Gewalt in pornografischen Medien dargestellt wird.

Alice Schwarzer kritisiert immer wieder das vorherrschende Selbstverständnis der Legitimation an sexueller Gewalt.[39] Es wird ein Zusammenhang zwischen der Emanzipation und der Pornografie gezogen denn „Je bedrohlicher für Männer die Emanzipation, umso bedrohlicher die Pornografie".[40]

4.2 *Courage* „die fünfte Vergewaltigung ist gratis"

In diesem Kapitel wird der Artikel „die fünfte Vergewaltigung ist gratis",[41] erschienen in *Courage* und geschrieben von Christel Herrmann, analysiert. Der Artikel thematisiert sexuelle Gewalt an Frauen und wird im Kontext des Rechtssystems analysiert. Es wird der Fall eines jungen Mädchens geschildert, das Opfer sexuellen Missbrauchs eines Mannes wurde. Dies geschah über einen längeren Zeitraum.[42] Der Artikel verwendet eine klare Wortwahl wie „Vergewaltigung" und „Missbrauch", um die Schwere des Verbrechens zu verdeutlichen. Auch werden die Machtverhältnisse zwischen Täter und Opfer deutlich, da der Mann klar seine Position ausnutzt, um das Mädchen zu kontrollieren.[43]

Besonders drastisch wird die wiederholte Viktimisierung des Opfers durch das Rechtssystem dargestellt. Mit der detaillierten Schilderung des Prozesses will Hermann einerseits die erneute Belastung aber auch die Ungerechtigkeit hervorheben.

Der Titel "Die fünfte Vergewaltigung ist gratis" ist eine provokante Formulierung, die verdeutlichen soll, wie das Mädchen durch die mangelnde Sensibilität und die bürokratischen Hürden des Gerichtsprozesses erneut traumatisiert wird. Die Sprache des Artikels ist klar, direkt, aber emotional. Herrmann verwendet bildhafte Sprache und rhetorische Fragen wie, „Sensibilität? Fehlanzeige."[44]

---

[38] Ebd. S. 38-39.
[39] Schwarzer, Alice. PorNO: Opfer & Täter; Gegenwehr & Backlash. S. 204f.
[40] Ebd. S. 35.
[41] Herrmann, Christel, "Die fünfte Vergewaltigung ist gratis: Kommentar", *Courage: Berliner Frauenzeitung* 7, Nr. 2, 1982. S. 6.
[42] Ebd. S. 6.
[43] Ebd. S. 6.
[44] Ebd. S. 6.

Die Autorin kritisiert, dass die Aussage des Opfers im Prozess angezweifelt und ihre Glaubwürdigkeit infrage gestellt wird. Sie habe stundenlang Fragen über Einzelheiten der Vergewaltigung beantworten müssen.[45] Auch prangert die Autorin an, dass Vergewaltigungen aus juristischer Sicht für Männer meist folgenlos bleiben.

Da sich der Artikel stark auf die Perspektive des Opfers konzentriert und mit klaren Formulierungen die Absurdität und Ungerechtigkeit des Verfahrens schildert, kann er als Kritik an den gesellschaftlichen Geschlechterverhältnissen und somit als Teil des Problems von sexueller Gewalt angesehen werden. Damit richtet sich der Artikel an eine breite Öffentlichkeit und will für die Problematik sexueller Gewalt und die Unzulänglichkeiten des Rechtssystems sensibilisieren.

5. Sensibilisierung für sexuelle Gewalt

Die Kampagne „PorNO" in *Emma* verdeutlicht, inwiefern pornografische Präsentationen dazu beitragen können, Gewalt an Frauen zu normalisieren und Gewaltfantasien zu fördern.

Emmas Kampagne beinhaltet häufig Bilder, die erschrecken sollen oder provokative Slogans wie hier im genannten Beispiel „PorNO". Diese zielen darauf ab, Aufmerksamkeit zu erregen und zu polarisieren. Die „PorNO" Kampagne kritisierte insbesondere die Darstellung von Frauen als passive, oft wehrlose Objekte in pornografischen Medien und machte darauf aufmerksam, dass solche Bilder Gewaltfantasien fördern und die Gewalt gegen Frauen normalisieren könnten.[46] Alice Schwarzer verwendet den Vergleich der „harten Pornografie" und den Grundrechten, indem sie schreibt: „die Würde des Menschen ist unantastbar, die Würde der Frau ist antastbar".[47]

Auch die öffentlich gemachte Klage gegen den *Stern* wollte nicht etwa die nackte oder erotische Darstellung einer Frau kritisieren, sondern die Reduktion der Frau auf ein wehrloses Sexobjekt.[48]

Indes ist die *Courage* in der Präsentation des Artikels etwas zurückhaltender und setzt verstärkt auf Fakten und Erfahrungsberichte. Dabei bleibt der Artikel eher sachlich und informativ, ist jedoch auch wertend und bezieht eine klare Stellung.[49] Herrmann nutzt eine journalistisch-

---

[45] Ebd. S. 6.
[46] Schwarzer, Alice. PorNO: Opfer & Täter; Gegenwehr & Backlash. S. 204-205.
[47] Ebd. S. 39.
[48] Lenz, Ilse. Die neue Frauenbewegung in Deutschland. S. 210.
[49] Herrmann, Christel, "Die fünfte Vergewaltigung ist gratis". S.6.

reflektierte Darstellung, wodurch die Zeitschrift versucht, das Thema in einer Gemeinschaftsperspektive zu beleuchten. Der Titel selbst übt in ironischer Weise Kritik an der Strafverfolgung und der mangelhaften gesellschaftlichen Reaktion auf sexuelle Gewalt aus.

Auch durch die keineswegs verschönte Darstellung des Leids des Opfers und die offene beschriebene Kritik am Rechtssystem, wird das Thema sexuelle Gewalt aus der Tabuzone geholt und in die öffentliche Debatte gerückt.

Der Artikel stellt sexuelle Gewalt nicht als individuelles Fehlverhalten dar, sondern als Fehler eines gesellschaftlichen Systems, in dem Männer Macht über Frauen ausüben.[50]

Auch wird hier nochmals deutlich, wie die sexuelle Gewalt oft mit einem Machtungleichgewicht in Verbindung gebracht werden kann, denn der Täter nutzt seine Machtposition aus, um Kontrolle über das Opfer auszuüben.[51]

Als Verbrechen gegen die Sittlichkeit wurde eine Vergewaltigung betrachtet und sowohl in der Gesellschaft als auch gerade in der Justiz unter einem Sittlichkeitsverbrechen verharmlost und meist verschwiegen.[52]

Feministische Zeitschriften wie *Emma* und *Courage* verhalfen als Mobilisierungsressource in der Aufklärung und Sensibilisierung im Gewaltdiskurs.

Die neue Frauenbewegung bewegte viel durch Öffentlichkeitsarbeit zu der einmal die Medien wie Zeitschriften gehörten, aber auch das Schaffen von Frauenbuchläden, Frauentreffen und Frauenverlagen und trug zur Sichtbarmachung bei.[53]

Emma und *Courage* verhalfen daher zu einem der wichtigsten Schritte im Kampf des Feminismus, nämlich das Definieren und sichtbar machen von sexueller Gewalt.[54]

Sowohl die Kampagne „PorNO" als auch der Artikel „die fünfte Vergewaltigung ist gratis" führten zu einem breiten öffentlichen Diskurs und sorgten dafür, dass ein gesellschaftliches Bewusstsein über die Existenz der Frauenbewegungen entstand.[55]

Darüber hinaus schufen sie ein Netzwerk von feministischen Aktivistinnen, die gemeinsam an der Aufklärung über sexuelle Gewalt arbeiteten. Sie inspirierten nicht nur zahlreiche Veranstaltungen und weitere Kampagnen zur Bekämpfung sexualisierter Gewalt, sondern trugen dazu bei, das Thema als ernstzunehmendes gesellschaftliches Problem wahrzunehmen.[56]

---

[50] Lenz, Ilse. Die neue Frauenbewegung in Deutschland. S. 209-210.
[51] Gudehus, Christian, und Michaela Christ. Gewalt. S. 78.
[52] Lenz, Ilse. Die neue Frauenbewegung in Deutschland. S. 214.
[53] Gerhard, Ute. Frauenbewegung und Feminismus. S. 114.
[54] Lenz, Ilse. Die neue Frauenbewegung in Deutschland. S. 211.
[55] Schenk, Herrad. Die feministische Herausforderung: 150 Jahre Frauenbewegung in Deutschland. 2. Aufl., München: Beck, 1981. S. 84.
[56] (Bock & Dörre, 2010, S. 89).

6. Fazit

In dieser Hausarbeit wurde die Darstellung sexueller Gewalt in den Zeitschriften *Emma* und *Courage* und ihre unterschiedlichen Perspektiven und Strategien verglichen. Dies im Zusammenhang mit der neuen Frauenbewegung

Abschließend lässt sich sagen, dass die feministischen Zeitschriften *Emma* und *Courage* einen signifikanten Beitrag zur öffentlichen Thematisierung von sexueller Gewalt an Frauen beigetragen habe. Die alte Frauenbewegung hatte den Gewaltdiskurs klein gehalten und gerade sexuelle Gewalt, da dies als Tabuthema galt, kaum öffentlich behandelt.[57]

Mit Kampagnen wie „Das Private ist politisch" wurde das Thema sexuelle Gewalt in den öffentlichen Diskurs gerückt, wobei Medien wie feministische Zeitschriften als öffentliches Sprachrohr des Feminismus fungierten. Durch diese Zeitschriften fanden Frauen eine gemeinsame Plattform in der sie gegenseitige Solidarität und Unterstützung aufbringen konnte. Mit der „PorNO" Kampagne wurde erstmals auf die „harte Pornografie" eingegangen und die Verbindung zu gewaltvoller Darstellung gezogen.[58] Somit fand das Thema öffentlich Gehör und regte eine Debatte über die gewaltvolle Darstellung der Frau in pornografischen Medien an. Die Kampagne spiegelte das wachsende Bewusstsein für Sexismus und Gewalt und griff die Forderung nach einer sexual politischen Reform auf.

Courage hingegen reflektiert mit Herrmanns Artikel die kritische Auseinandersetzung der Frauenbewegung in der Justiz und dem gesellschaftlichen Umgang mit Vergewaltigung. Dabei verfolgte der Artikel „die fünfte Vergewaltigung ist gratis" eine eher sachliche und informative Sprache, in der trotzdem eine klare und kritische Position eingenommen wird.[59]

Durch die journalistisch-reflektierte Herangehensweise, die Christel Herrmann nutzt, wird das Thema aus einer gemeinschaftlichen Perspektive beleuchtet.

In beiden Zeitschriften wird die feministische Kritik am patriarchalischen Rechtssystem deutlich. In dem Artikel von Courage geht ein klarer Vorwurf an die Justiz und die mangelnde Sensibilität hervor. Frauen die sexuelle Gewalt erleiden mussten, waren den bürokratischen Hürden ausgesetzt, die oft zu erneuter Traumatisierung führten.

Diese Kritik zielt auf die ungleichen Machtverhältnisse des Rechtssystems ab und beleuchtete dessen Unzulänglichkeiten im Umgang mit Opfern sexueller Gewalt.

---

[57] Lenz, Ilse. Die neue Frauenbewegung in Deutschland. S. 209-210.
[58] Schwarzer, Alice. PorNO: Opfer & Täter; Gegenwehr & Backlash. S. 204f.
[59] Herrmann, Christel, "Die fünfte Vergewaltigung ist gratis: Kommentar", *Courage: Berliner Frauenzeitung* 7, Nr. 2, 1982. S. 6.

Gerade durch feministische Zeitschriften konnte ein Austausch mit anderen Ländern wie den USA gewährleistet werden, womit nur nicht in Deutschland mit der „PorNO" Kampagne gegen gewaltvolle Pornografie aufmerksam gemacht wurde, sondern auch international.

Beide Zeitschriften leisteten durch ihre jeweiligen Ansätze einen wesentlichen Beitrag zur Sensibilisierung und verhalfen zu einer vertieften und kritischen Auseinandersetzung mit sexueller Gewalt und der Gewaltverherrlichung in den Medien und im Alltag.

Heutzutage hört man kaum noch etwas von Frauenbewegungen. Jede Frau fühlt sich auf ihre Art mal mehr oder weniger feministisch. Das damals notwendige Wir-Gefühl sorgte für den Zusammenhalt, den wir in der heutigen Zeit kaum noch auf diese Weise haben. Trotz besserer Vernetzung durch die sozialen Medien gibt es zu viele Kategorien, in denen sich Frauen einordne und kein wie in den 70er Jahren kollektives Bedürfnis.[60] Trotzdem sind auch heute noch Foren und Medien, in denen sich Frauen austauschen und unterstützen können ein Meilenstein, der aus den Frauenbewegungen entstand.

---

[60] Notz, Gisela. Courage: Die Geschichte einer Frauenzeitschrift und der Frauenbewegung. Frankfurt am Main: Fischer Taschenbuch, 1984. S. 7.

7. Literatur- und Quellenverzeichnis

7.1 Literatur

Gerhard, Ute. Frauenbewegung und Feminismus: Eine Geschichte seit 1789. 3. Aufl., München: C.H. Beck, 2018.

Gudehus, Christian, und Michaela Christ. Gewalt: Ein interdisziplinäres Handbuch. 1. Aufl., Stuttgart: Metzler, 2013.

Hagemann-White, Carol. „Die feministische Gewaltdiskussion: Besonderung und Integrationsaussichten." In Handbuch Frauen- und Geschlechterforschung, VS Verlag für Sozialwissenschaften, 1997, S. 501–505.

Kühte, Alexandra. Das Frauenbild der feministischen Zeitschrift *EMMA*: Eine Untersuchung über die Darstellung von Frauen und die Behandlung frauenspezifischer Themen. Wissenschaftlicher Verlag Berlin, 2005.

Lenz, Ilse. Die neue Frauenbewegung in Deutschland: Abschied vom kleinen Unterschied. Wiesbaden: VS Verlag für Sozialwissenschaften, 2009.

Notz, Gisela. Courage: Die Geschichte einer Frauenzeitschrift und der Frauenbewegung. Frankfurt am Main: Fischer Taschenbuch, 1984.

Notz, Gisela. Warum flog die Tomate?: die autonomen Frauenbewegungen der Siebzigerjahre: Entstehungsgeschichte, Organisationsformen, politische Konzepte, wie geht es weiter? Aktualisierte und erweiterte Neu-Auflage. Neu-Ulm: AG SPAK Bücher, 2018.

Roth, Roland, und Dieter Rucht. Die Sozialen Bewegungen in Deutschland seit 1945: Ein Handbuch. Campus Verlag, 2008.

Schenk, Herrad. Die feministische Herausforderung: 150 Jahre Frauenbewegung in Deutschland. 2. Aufl., München: Beck, 1981.

Schulz, K., „Frauenbewegungen im deutschsprachigen Raum: Geschlecht und soziale Bewegung". Handbuch Interdisziplinäre Geschlechterforschung. Wiesbaden: Springer Fachmedien Wiesbaden, 2019. 911–920.

Schwarzer, Alice. PorNO: Opfer & Täter; Gegenwehr & Backlash; Verantwortung & Gesetz. Hrsg. und mit einem Vorwort versehen von Alice Schwarzer, Köln: Kiepenheuer & Witsch, 1994.

7.2 Quellen

Herrmann, Christel, "Die fünfte Vergewaltigung ist gratis: Kommentar," Courage: Berliner Frauenzeitung 7, Nr. 2 (1982): 6.